Mountain Mutts
El cuento de Joy

Mountain Mutts - El cuento de Joy
© Derechos de autor, 2021 por Julie Stephens
Todos los derechos reservados.
Hands Be Strong, Inc.

Ninguna parte de este libro puede ser utilizada o reproducida de ninguna manera sin el permiso por escrito del Editor, excepto donde lo permita la ley.
9 8 7 6 5 4 3

Tercera Edición Enero 2023

ISBN: 978-1-7364304-3-9

Mountain Mutts - El cuento de Joy
Número de registro de derechos de autor TX0009055979 / 21 de mayo de 2021

Para nuestros amados niños
David e Isabel
y amantes de los perros en todas partes.

"Dios preparará todo para nuestra perfecta felicidad en el cielo,
y si hace falta que mi perro esté allí, creo que estará allí".
Billy Graham

Se pueden obtener copias adicionales de Mountain Mutts de
julie-stephens.com

Para obtener ayuda con la traducción al español de este libro:
Belén Graham y Mindy McClung
¡Gracias especiales!

Mountain Mutts – El cuento de Joy

Historia y Fotografías
por
Julie Stephens

Había una vez dos amigas que se querian mucho.

Winter era más viejo,

Spring era más grande.

Winter era la líder.

Spring la seguidora.

Dondequiera que iba Winter, le seguía Spring.

Spring no recordaba un momento en que su amada amiga no estuviera allí mismo.

Cuando Winter pensó que un recipiente de mantequilla de maní casi vacío era delicioso...

...Spring también quería probarlo.

Winter y Spring jugaban con frecuencia.

Cuando Winter bajó al río, Spring lo siguió.

Spring estaba tan contenta, tan feliz de acurrucarse con su amiga Winter.

Entonces un día…Winter murió.

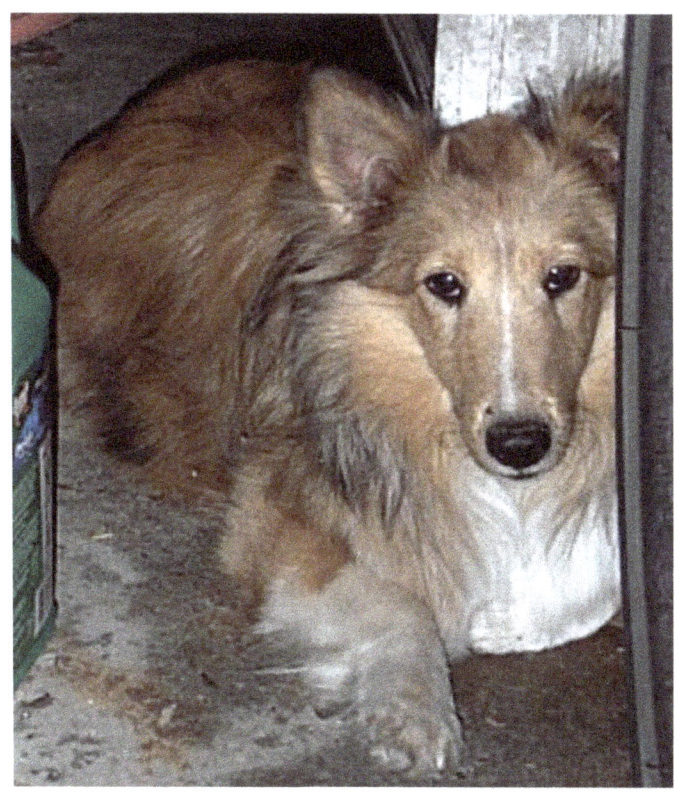

Spring estaba muy triste. Se sintió miserable. Winter era la amiga más querido de Spring, y Winter se había ido. Spring estaba abatida.

Spring no tenía apetito ni energía para hacer nada. No quería un recipiente de mantequilla de maní casi vacío. Ella no quería jugar junto al río. Extrañaba acurrucarse con su amiga.

La casa entera estaba en silencio con grandes suspiros y lágrimas. Cuando Winter murió, fue un momento muy triste para toda la familia. Día tras día no había alegría.

Después de mucho tiempo, la familia ya no podía llorar ni estar triste. Un a cachorra es lo que necesitaban.

La cachorra se llamará Joy. ¡Sí! es lo que necesita la familia.

Esta es Joy.

Es una cachorrita diminuta con una enorme responsabilidad. Spring la necesita.

Lo que Joy aún no sabe es que ella también necesita a Spring.

Joy intenta llamar la atención de Spring. Spring ignora a la cachorra.

"¡Aquí, Spring! Aquí está mi hueso que puedes masticar. ¿No te gusta? ¡Tómalo Spring! Es muy bueno para masticar.

Está bien, me iré y te dejaré sola.

Spring está silenciosa. Ella no quiere a Joy cerca de ella. Spring recuerda haber jugado con su amiga Winter, ella suspire.

Spring está demasiado triste para jugar con Joy.

A los cachorros les gusta acurrucarse y jugar, pero Spring todavía está triste. Joy se queda sola.

La paciente Joy juega sola y espera que Spring se sienta mejor.

Joy es una perrita y los bebés necesitan dormir mucho.

Joy duerme sola en todas partes y espera que Spring sea su amiga.

Joy espera y espera.

Ella juega sola.

Ella duerme la siesta sola.

Joy espera.

Joy espera sola.

Un día, Joy se acurruca para tomar una siesta junto a Spring. ¡Spring no se aleja!

¡Es un nuevo día en las montañas!

¡Spring sale a la terraza y contempla las maravillosas posibilidades del nuevo día!

Joy está preocupada por las escaleras. Esto es alto para una cachorrita.

"¡Vamos, Joy! ¡Puedes hacerlo!
Hay mucho que explorar para nosotros".

Spring sale corriendo,
esperando que su pequeña compañera la siga.

"¡Lo hice! ¡Lo hice sola!"

"¡Qué gran sensación! ¡Sí! Bajé las escaleras altas.

Joy vio que Spring se dirigía al río y corrió tras su amiga.

"Ahora, ¿a dónde fue Spring? Spring no está aquí.

¡Ay! ¡En qué lío me he metido! ¿Cómo vuelvo a la hierba blanda?

"¡Spring!

¡Mi amiga!

¡Mi héroe!"

¡Spring se sonríe!

Spring y Joy corren y juegan juntas en el césped.

Spring le muestra a Joy cómo buscar un palo.

Spring salta a su lugar favorito y le muestra a Joy cómo beber agua del río.

El agua fresca es deliciosa después de masticar un palo seco.

¡Los perros mueven la cola como lo hacen los perros cuando están felices!

Joy no lo sabe, pero tiene la cola rota. Ella nació así.

Su cola no se enderezará por completo ni se moverá como la mayoría de los perros. Algunos considerarían esto un problema, pero Spring y Joy no prestan atención a la cola doblada de Joy.

La barriga de Spring rugió. "¡Es hora de un regalo, Joy! Vayamos a casa y digámoslo a nuestra gente" Joy aún no lo sabía, pero todos los días cerca de la hora del almuerzo, habría un premio para los perros.

"Cuando nuestra gente tenga un regalo para nosotros, míralos con adoración", le explica Spring a Joy.

Después de la hora de jugar, los amigas deciden tomar una siesta juntas. Es un momento tranquilo, lleno de alegría.

Esta historia apenas comienza.

Sobre La Autora

Aunque nació bajo el nivel del mar en Nueva Orleans, Julie ahora vive en el área más remota de los 48 estados con su esposo y sus perros a 9,000 pies sobre el nivel del mar. Es una fotógrafa y escritora galardonada con su columna de periódico "Life From My View" y su libro ilustrado: **Mountain Mutts - El cuento de Joy.**

Julie tiene un BFA en teatro, ha actuado en teatro comunitario y en un comercial de televisión. Ella también tiene una Maestría en Educación y ha enseñado casi todos los niveles, desde preescolar hasta la escuela de posgrado. Ella y su esposo tienen un hijo y una hija adultos y cuatro nietos.

Los Stephens disfrutan de la convivencia diaria con la naturaleza y de pasear por las montañas con sus perros. Julie pasa la mayor parte de sus días libres leyendo, escribiendo y caminando con su cámara en mano. Sus libros están disponibles en su web:
Julie-Stephens.com

"El regalo más preciado que podemos darnos es hacerles saber que importan".
Julie A R Stephens

Copias adicionales de
Mountain Mutts - El cuento de Joy
se puede obtener en Julie-Stephens.com

Una guía complementaria para el maestro de **Mountain Mutts - Joy's Tale** está disponible para su descarga gratuita en Julie-Stephens.com

Las preguntas o comentarios sobre este material se pueden dirigir a:
support@handsbestrong.com

Sea la misericordia de Jehová nuestro Dios sobre nosotros;
prospera la obra de nuestras manos;
prospera nuestra obra. Salmo 90:17

www.ingramcontent.com/pod-product-compliance
Lightning Source LLC
Chambersburg PA
CBHW050803220426
43209CB00089BA/1678